MÉMOIRE

DES ÉLECTEURS

DU DISTRICT DE BREST;

Sur la fixation définitive du Chef-lieu du Département de F*INISTÈRE*.

Extrait du Procès-verbal des Séances de l'Assemblée Electorale du District de Brest, des 5, 6 & 7 Juillet 1790.

Du 5 Juillet.

L'Assemblée, pénétrée de la justice & de la pureté des motifs qui ont porté ses membres à réclamer, en l'Assemblée générale des Electeurs du Département tenue à Quimper, l'exécution d'une disposition formellement adoptée concernant la désignation d'une Ville à proposer pour Chef-lieu du Département de *Finistère*, & à laquelle ils n'ont renoncé, lors de la dernière Séance, que pour donner une preuve non équivoque de leur amour pour l'union & la paix que cette discussion semblait compromettre, a été unanimement d'avis de nommer une Commission à adjoindre à M. *Marec*, qui s'est déjà occupé de cet objet, à l'effet de rédiger finalement un Mémoire dont lecture sera donnée lorsque les Elections auront été terminées; et elle a arrêté que ladite Commission serait spécialement chargée d'énoncer que le vœu constant de l'Assemblée est que le Chef-lieu du Département de Finistère soit déterminément fixé à *Landerneau* et sans alternat.

En conséquence MM. *Brichet*, *Smith*, *Gorre* et *Amalric* ont été nommés Commissaires pour, de concert avec M. *Marec*, rédiger ce Mémoire.

Du 7.

M. *Marec* a, au nom de la Commission, donné connoissance de son travail. L'Assemblée en a unanimement adopté toutes les parties; et elle a reconnu avec la satisfaction la plus vraie, que son desir que le Chef-lieu du Département fût fixé sans alternat à Landerneau, était étayé de motifs d'intérêt général, présentés avec force et développés de manière à convaincre que les vœux des Electeurs du district de Brest étaient dirigés vers l'avantage général des Administrés, et fondés sur les principes adoptés par l'Assemblée nationale.

En conséquence il a été arrêté, à l'*unanimité*, que ce Mémoire, souscrit du Président et du Secrétaire de la présente Assemblée, serait incessamment adressé à l'Assemblée nationale, imprimé et envoyé à MM. les Députés de la Sénéchaussée, aux divers Districts du Département, aux Municipalités, et par-tout où il serait jugé convenable.

Pour Extrait conforme à la Minute du Procès-verbal.

Signé, PIRIOU, Président.

Boissier, Secrétaire.

MÉMOIRE

DES ÉLECTEURS DU DISTRICT DE BREST,

SUR LA FIXATION DÉFINITIVE

DU CHEF-LIEU DU DÉPARTEMENT

DE FINISTÈRE.

LES Electeurs du Département de *Finistère*, assemblés dernièrement à *Quimper*, ont rempli la mission dont ils étaient chargés. Après avoir nommé les Administrateurs, ils ont délibéré sur la question de savoir si la disposition du Décret de l'Assemblée nationale, qui place *provisoirement* en cette Ville l'Assemblée de Département, demeurerait *définitive*, et ils ont opiné pour la négative, à une majorité de *trente-deux voix*.

Il convenait, sans doute, que l'Assemblée Electorale désignât en même-temps, celle de toutes les Villes du Département qu'elle jugeait la plus susceptible d'en devenir le Chef-lieu. Cette désignation semblait autorisée par la liberté réservée aux Electeurs de proposer *ce qui leur paraîtrait le plus conforme à l'intérêt général des Administrés.*

Mais, dans l'impossibilité de se concilier à cet cet égard, les Electeurs ont arrêté de suspendre les discussions entamées ſur cet objet, de diſſoudre leur Aſſemblée, & d'attendre le moment où ils ſeroient réunis aux Chefs-lieux de leurs Diſtricts reſpectifs, pour indiquer à l'Aſſemblée nationale la Ville la plus propre à recevoir le Siège de l'Adminiſtration ſupérieure du Département.

Pour ſe conformer à cet arrêté, les Electeurs du Diſtrict de *Breſt*, vont expoſer avec impartialité les aſſertions & les principes qui ſerviront de baſe à leur opinion.

Des Repréſentants, dont le patriotiſme égale les lumières, les Députés *du pays de Léon* & *de la partie de Tréguier*, & ceux *des Sénéchauſſées de Cornouailles*, après avoir mûrement balancé les droits de toutes les Villes du Département, fondées à prétendre au Siège de l'Adminiſtration ſupérieure, ont cru devoir ſe reſtreindre entre QUIMPER & LANDERNEAU.

A leur exemple, les Electeurs du Diſtrict de Breſt, ſe borneront à la diſcuſſion des titres qui peuvent militer pour l'une ou l'autre de ces deux Villes, perſuadés que ce ſeroit ſe livrer à des diſcuſſions & à des recherches infructueuſes, que d'eſſayer d'établir la préférence en faveur de toute autre cité.

En jetant un coup-d'œil ſur la configuration & la conſiſtance du Département de *Finiſtère*, tel qu'il a été circonſcrit dans l'Aſſemblée génerale des Députés de Bretagne, et préſenté dans le plan topographique, certifié des Commiſſaires-adjoints au Comité de Conſtitution, on voit :

1°. Que *la totalité* de l'Evêché de *Léon* eſt enclavée dans le Département.

2°. Qu'on y a compris *une portion* de l'Evêché *de Tréguier*.

3°. Qu'on n'y a conſervé que *les trois quarts* de l'Evêché de *Cornouailles*, attendu qu'on en a diſtrait *trente-*

quatre Paroisses (1) et *cinq* Villes ou fortes Bourgades (2), formant un grand quart de ce Diocèse, pour les annexer aux Départements des *Côtes du Nord* et du *Morbihan*.

4°. Qu'en accolant l'Evêché de Léon et la portion de celui de Tréguier, qui lui est annexée, et en les comparant à la partie qui reste de l'Evêché de Quimper, la totalité du territoire du Département de *Finistère* se trouve partagée en deux grandes sections ou surfaces à peu près égales.

Deux considérations importantes dérivent de cet apperçu. Premièrement, d'après la circonscription du Département de *Finistère*, le Diocèse de Quimper qui, lors des contestations élevées au Comité de Bretagne, existoit dans son intégrité, et qui, suivant l'opinion première de ses Représentants, devoit se conserver tel dans la formation du Département, n'a plus en sa faveur, les mêmes proportions fondamentales, les mêmes bases de territoire, de population et de contribution.

En second lieu, l'adjonction d'une partie de l'Evêché de Tréguier à celui de Léon, ajoute évidemment à la population très-considérable, et à la somme contributive de ce dernier Diocèse.

---

(1) *Tréogan*, *Trémogan*, *Plouvin*, *Paul*, *Glomel*, *Mesle-Carhaix*, *Trébrian*, *Gouarec*, *Laniscat*, *St. Caradec*, *Mur*, *Le Quillieau*, *St. Martin*, *Merléac*, *Haut-Corlay*, *Vieux-Bourg-Quintin*, *St. Bisly*, *St. Gilles*, *Querien*, *Maël-Pestivien*, *Pestivien*, *Plounévez-Quintin*, *Plourac'h*, *Plusquellec*, *Haut-Quelen*, *Lochrist*, *Carnouët*, *Trobrivan*, *Locquénolé*, *Langonec*, *Plouré*, *La Trinité*, *Neuillac*, *Croazon-Nevez*.

(2) *Le Faouet*, *Rosternen*, *Plouguernevel*, *Corlay*, *Callac*.

D'où il suit, 1°. qu'en admettant une égalité de territoire entre les deux grandes Sections dans lesquelles on suppose le Département divisé, tout l'avantage résultant de la population, tout l'intérêt que mérite la somme de contribution, est pour celle des deux Sections qui comprend l'Evêché de Léon & une portion de celui de Tréguier. (3)

---

(3) Cette conséquence a paru tellement devoir être sentie, qu'on a cru inutile de l'étendre davantage dans le texte.

Dans l'impuissance où l'on est au moment de la rédaction de ce Mémoire, de se procurer l'état au vrai de la population *réelle* de l'Evêché de Léon, il suffit d'invoquer la notoriété publique et de rappeller qu'elle atteste hautement et la fertilité et le très-grand nombre d'habitants de ce Diocèse.

Cependant on a entrepris de prouver que la population de celui de Quimper étoit plus forte; et à défaut d'états justificatifs que l'on disoit déposés dans les bureaux des Ministres, on alléguoit la représentation des deux Evêchés à l'Assemblée nationale et consistant, savoir, en *huit* Députés pour Cornouailles, et en *sept* seulement pour Léon.

Mais quel homme ignore que la représentation actuelle est en général très-défectueuse, et que celle de l'Evêché de Léon est encore incomplète?

Au reste, l'adjonction des trois Députés de la portion de Tréguier à ceux de l'Evêché de Léon, éleve à *dix* le nombre total des Représentants de la section de territoire que nous opposons ici à la section dans laquelle est compris l'Evêché de Quimper; et cette preuve, qui est dans le sens de la défense des partisans de la population de ce Diocèse, interdit toute réplique.

Quant à la population *active* de l'Evêché de Léon et de la portion de celui de Tréguier réunis, il suffit de lire la liste des électeurs qui ont concouru à former l'Assemblée électorale du Département de finistère, pour se convaincre que la différence du nombre est à l'avantage de ces contrées. Ces 4 Districts de Brest, Lesneven, Landerneau et Morlaix, fournissoient 259 Electeurs; tandis que les 5 autres, pris dans l'Evêché de Cornouailles, n'en produisoient que 213.

2°. Que l'avantage spécial de cette Section du Département est l'avantage du plus grand nombre des Citoyens, c'est-à-dire, l'intérêt général; & que la commodité particulière de cette même Section, est la commodité de la majeure partie des Administrés, c'est-à-dire, la convenance générale.

Cette double conséquence acquerra un nouveau dégré de force & de justesse, si l'on fait attention que 10 Paroisses (4) de l'Evêché de Cornouailles se trouvent comprises dans l'un des Districts de l'Evêché de Léon, celui de Landerneau, & que toutes les autres Paroisses du Diocèse de Quimper, situées dans l'intervalle qui s'étend depuis le Chef-lieu de ce District jusqu'aux points qui marquent respectivement les Chef-lieux des Districts de *Châteaulin* et de *Carhaix*, sont naturellement attirées vers l'Evêché de Léon et la portion de celui de Tréguier, et que leur intérêt vient s'associer à celui des habitants de ces contrées.

Ce sont là, pour l'Evêché de Cornouailles, autant de nouvelles pertes en territoire, en population, en contribution, et autant de données qui ajoutent à la somme de toutes les considérations qui militent en faveur du Diocèse de Léon et de la portion de celui de Tréguier.

On est donc de plus en plus fondé à conclure que l'intérêt général des habitants, qui composent le Département de *Finistère*, se confond avec l'intérêt des habitants collectivement pris, de l'Evêché de Léon, de la portion adjacente de celui de Tréguier, et des extrémités limitrophes du Diocèse de Cornouailles.

Or, cet intérêt bien entendu, est de voir placer le Chef-

(4) *Irvillac, Dirinon, Logonna, Plougastel-Daoulas, Loperhet, Daoulas, le Faou, Rosnohen, Quimerc'h, Hanvec et Tréhou.*

lieu du Département dans la Ville qui, par sa position et ses divers rapports dans la circonscription du Département, correspond plus immédiatement avec ces diverses contrées et avec le plus grand nombre des Administrations inférieures.

Cette Ville est incontestablement celle de Landerneau.

Pour s'en assurer, il faut envisager sous un autre point de vue la composition du Département de *Finistère*.

Il consiste en *soixante-dix-neuf* Cantons (5) répartis en *neuf* Districts.

Si l'on examine la situation géographique de Quimper et de Landernau, relativement à leur éloignement respectif des Chefs-lieux de tous les Cantons, il s'ensuit que sur 79 Cantons.

	Chef-lieux de Cantons.
Le District de Brest en fournit.	9
Celui de Lesneven	9
Celui de Landerneau.	9
Celui de Morlaix.	9
Celui de Carhaix (6).	3
Celui de Chateaulin (7).	4

En tout quarante-trois Chef-lieux de Cantons, ci. 43 plus proches de Landerneau que de Quimper.

Par conséquent la majorité des Chefs-lieux des Cantons du Département, compensation faite de toutes les distances respectives, est plus rapprochée de Landerneau; et cette majorité est positivement située dans la section de territoire peuplée d'habitants dont il a été prouvé que l'intérêt était

(5) Le Canton de *Guidel* dans le District de Quimperlé n'a pas fourni d'Electeurs dans l'Assemblée électorale du Département de *Finistère*; il a préféré de voter dans celle du Département du *Morbihan*.

(6) *Carhaix, Huelgoet, Scrignac.*

(7) *Braspart, Crozon, Argol, St. Ségal.*

celui du plus grand nombre des Administrés.

Le même avantage de position existe pour Landerneau, considéré par rapport à tous les Chefs-lieux de Districts.

Il suffit de jetter les yeux sur la carte pour appercevoir que sur les neuf Districts dont est formé le Département, les Chefs-lieux des cinq principaux, des plus populeux, des plus riches, des plus importants à tous égards, *savoir* :

BREST,
LESNEVEN,
LANDERNEAU,
MORLAIX,
CARHAIX;

sont plus voisins (8) de Landerneau que de Quimper; et que le Chef-lieu du District de *Châteaulin* est, à deux lieues près, à une distance égale de ces deux Villes.

Ainsi, soit que les habitants des divers Cantons, que leurs affaires mettront en relation avec le Chef-lieu du Département, s'y transportent directement, soit qu'il n'aient de correspondance avec lui que par l'intermédiaire des Chefs-lieux de leurs Districts, l'intérêt du plus grand nombre, l'avantage général des Administrés, est que le Siège du Département soit établi à Landerneau.

L'intérêt particulier des Districts de *Quimper*, *Quimperlé* et *Pont-Croix* doit céder à cette considération. Les objections que l'on pourrait opposer à Landerneau sur l'éloignement de divers Cantons, tels que ceux de *Quimperlé*, *Arsaneau*, *Rédénès* et *Clohar* dans le District de *Quimperlé* et ceux de *Pont-Croix*, de l'*Isle-de-Sein*, de *Cléden-Cap-sizun*, *d'Audierne* et de *Plozévet* dans le District de Pont-Croix et autres, ces objections n'ont aucune valeur;

(8) Cette distance est considérée eu égard aux *grandes routes* les seules qu'on puisse envisager comme moyens faciles de communication.

et la convenance locale et propre de ces Cantons doit s'évanouir devant la convenance publique et générale des autres parties intégrantes du Département.

Indépendamment de ces avantages essentiels et décisifs que Quimper ne sauroit lui disputer, Landerneau en offre d'autres très-importants.

S'il n'est pas le centre géométrique du Département, il en approche plus que Quimper, (9) ainsi qu'il est facile de s'en assurer sur la carte, le compas à la main. Il y a mieux; Landerneau est, en quelque sorte, le centre de la population du Département: la notoriété publique atteste la vérité de cette assertion.

Les foires et les marchés y attirent journellement un peuple considérable tant des Campagnes et Bourgades voisines, que d'un grand nombre de Villes qui l'environnent, et qui sont situées à un intervalle plus ou moins éloigné, telles que *Brest*, *St. Renan*, *le Conquet*, *Lannilis*, *Lesneven*, *St. Pol-de-Léon*, *Roscoff*, *Morlaix*, *Landivisiau*, *le Faou* et *Châteaulin*.

La réunion des Bourgades et des Villes autour de Quimper est beaucoup moindre, ainsi que l'affluence des hommes que sa position et les produits de son industrie peuvent y appeler.

Mais un très-grand intérêt pour Brest et pour toute

---

(9) Dans l'opinion des Electeurs du District de Brest, le centre réel du Département est le point indicatif du milieu de la ligne qui sépare *Braspart* et la *Feuillée*. Ce point est à environ six lieues et demie de Landerneau, et à neuf lieues et demie de Quimper.

Cette observation deviendra infiniment plus sensible, si l'on considere que les cantons *d'Arsaneau*, *Rédénès* et *Guidel*, pris dans le Diocèse de *Vannes*, n'ont été adjoints au District de *Quimperlé*, et que ce District lui-même n'a été annexé au Département de *Finistère*, que pour rapprocher, *aux yeux*, le centre du Département, de la ville de *Quimper*.

l'étendue de pays connue sous la dénomination de *bas-Léon*; c'est que Landerneau est sur la route directe de Brest à Paris; et que l'ordre établi dans le régime des Postes et Messageries y ménage des relations plus immédiates, et une communication plus prompte et plus sûre avec la capitale du Royaume.

Il n'est sans doute pas déplacé de compter aussi au nombre de tant d'avantages qui déterminent à accorder la préférence à Landerneau, sa proximité de Brest; ce voisinage est, en effet, d'une importance qu'il convient de faire apprécier.

On l'a dit, [10] Brest est, sans contredit, le principal entrepôt des forces publiques sur lesquelles reposent la sureté du commerce, la prospérité de l'Etat et l'honneur des armes de la Nation. D'après cette assertion; d'après la notoriété des relations continuelles du Port de Brest avec tout ce qui l'environne, avec les principales Villes du Royaume, et surtout avec le Gouvernement; d'après la connaissance des mouvements journaliers de son Arsenal, et de ceux extraordinaires et infiniment multipliés que la guerre ou la moindre apparence d'hostilités peut y occasionner; d'après l'emploi reconnu des fonds immenses que la solde des Troupes, des Marins et des Ouvriers, et l'aquittement des approvisionnements de toute espèce, y font consommer annuellement, on juge assez qu'il est peu de Cités qui réunissent autant d'objets propres à fixer l'attention des nouveaux Administrateurs. Une foule de rapports va sans doute les lier avec les différentes Adminis-

---

(10) Mémoire de M. *le Gendre*, Député de Brest à l'Assemblée nationale, intitulé *Observations des Députés du pays de Léon et de la partie de Trégnier*, &c.

trations qui concourent au régime politique, civil et militaire du Port de Brest. L'inspection suprême de la comptabilité des fonds publics; la surveillance des dépenses qui pourront être assignées sur le produit des contributions; les opérations diverses, relatives aux mouvements des Troupes, aux casernements, aux étapes; la protection des convois, la circulation & la sureté des approvisionnements de comestibles & de munitions destinés aux Arsenaux et aux Garnisons; beaucoup d'autres services de cette nature et de cette importance, entreront dans les fonctions attribuées aux Administrateurs de Départements.

Il est donc très-intéressant et pour le Port de Brest, et pour l'Etat en général, que cet Arsenal soit le moins éloigné possible du Chef-lieu d'une telle Administration; il importe sous tous les aspects, au bien du Royaume et à la sureté publique, que, soit dans les mouvements ordinaires, soit dans les préparatifs d'une guerre, soit dans le cas d'une invasion et d'une descente de l'ennemi sur les côtes qui avoisinent la Rade de Brest, le Port puisse trouver promptement et à sa portée tous les secours que les circonstances rendraient indispensables. Eh! qui ne sent tout ce que peut lui offrir de ressources dans tous les cas, le voisinage d'une Ville possédant dans son sein le Siége d'une Administration environnée de l'influence toute puissante de l'opinion publique, et correspondant immédiatement avec le Pouvoir exécutif suprême?

Combien ces considérations perdraient de leur poids, si l'on établissait le Chef lieu du Département à Quimper!

Mais on objectera peut-être encore que la ville de Brest renferme, en temps de guerre, un très-grand nombre de malades dans ses hôpitaux; que des Vaisseaux venant de la côte d'Afrique y ont souvent apporté le germe des maladies les plus contagieuses ; qu'il est en conséquence du plus grand danger de placer l'Administration du Départemert à portée d'une Ville dont l'approche peut compromettre la santé et la vie des Administrateurs ; et que ce danger serait à son comble, si des circonstances malheureuses forçaient d'établir des hôpitaux à Landerneau même, comme *la Ville la plus voisine de Brest* et *la seule où l'on puisse trouver des secours.*

On répétera vraisemblablement que Brest étant un vaste théâtre ouvert aux opérations du Pouvoir exécutif, cette Ville est plus que toute autre sous l'influence directe des Ministres ; que sa Garnison, les Marins, les Ouvriers et les divers employés au service de la Marine reçoivent leur existance du Gouvernement ; que cette circonstance ne permet pas de les supposer constamment dans cet état d'impartialité & de désintéressement qui constitue la liberté d'un Citoyen qui ne vit sous d'autre dépendance que celle des lois ; que, malgré les grands exemples de patriotisme et d'énergie qu'ont donné, depuis la révolution, les militaires, les habitants de toute classe & les Officiers Municipaux de Brest, il est possible d'éprouver dans l'avenir, de la part des individus qui leur succéderont, moins de fermeté & plus de condescendance aux vues des Agents supérieurs du Pouvoir ministériel ; et que dans certaines conjonctures faciles à prévoir, il n'y aurait pas de sureté à tenir à la proximité de Brest, et la caisse du Département, et les archives de l'Administration, et les personnes des Administrateurs.

Il est difficile, pour ne pas dire impossible, de tranquilliser ceux qui conçoivent sérieusement de pareilles craintes.

Si, par le plus grand des malheurs, la Ville de Brest redevenait jamais la proie d'une maladie épidémique, il est des moyens efficaces de concentrer dans ses murs les ravages de ce redoutable fléau. On peut se rappeler que lors de l'épidémie de 1757, les campagnes voisines furent à l'abri de ses atteintes, et que les habitants de Landerneau, entr'autres, quoiqu'ils ne fussent séparés de Brest que par un intervalle de 4 lieues, respirèrent constamment l'air le plus salubre. On ajoutera que dans tous les cas possibles il n'y aurait pas de nécessité urgente à former des Hôpitaux à Landerneau; que malgré sa proximité de Brest, cette première Ville ne serait pas *la seule où l'on pourrait trouver des secours*; que ceux-ci se tirant principalement du Port de Brest, il lui serait facile de les rassembler dans telle autre Ville de son arrondissement où les Hopitaux seraient établis. (11)

Quant aux inquiétudes puériles qu'on témoigne pour la caisse du Département, les personnes des Administrateurs et les Bureaux de l'Administration, placés à Landerneau, ne voit-on pas qu'il faudrait supposer la destruction de toutes les lois, l'oubli de tous les principes, la violation des sermens les plus solemnels, le comble du désordre et de

(11) Pendant la dernière guerre il a existé des Hôpitaux militaires au Folgoët près Lesneven, à Landerneau, à Daoulas, à *Quimper* même.

S'il fallait juger de l'avenir par le passé, et qu'on dût en effet concevoir quelques inquiétudes sur la proximité d'un détablissement de ce genre, ne pourrait-on pas craindre que, dans le courant des hostilités futures, on n'établît encore une fois un Hôpital pour le service de la Marine à Quimper; et alors que deviendrait la santé de MM. les Administrateurs du Département, s'il était définitivement fixé en cette Ville?

Si l'on suppose qu'ils auront assez de crédit pour éloigner de Quimper un dépôt de malades aussi dangereux, croit-on qu'ils n'auront pas également le pouvoir de l'écarter de la ville de Landerneau, si elle devenait le Siège de l'Administration supérieure du Département?

l'anarchie, et enfin le renversement de la Constitution, pour justifier de semblables terreurs ?

On a encore observé qu'en établissant l'administration supérieure à Landerneau ou dans toute autre Ville de l'Evêché de Léon, c'était ajouter, sans motif, à tous les moyens de fertilité, d'industrie, de richesse et d'opulence qu'offre cette partie du Département; tandis que c'était au contraire abandonner à toute la modicité, à toute la pénurie de ses ressources, à toute la rigueur d'un sol ingrat, le Diocèse de Cornouailles, dont les habitants méritent, comme tous les Français, d'intéresser la sollicitude paternelle des sages Législateurs de l'Empire. On a réclamé les droits de la raison, de l'humanité, les principes de l'équité naturelle et de l'égalité politique, en demandant que le Siège du Département fût établi à Quimper, et que la Cornouailles possédât un établissement qui pût vivifier et encourager sa culture, son commerce et son industrie; et l'on a représenté qu'avec son sol, sa population et ses Ports, l'Evêché de Léon pouvait se passer de tout surcroît de secours et d'améliorations.

Les Electeurs du District de Brest répondront à ces observations que l'Assemblée nationale, invariable dans ses principes, a prescrit elle-même de ne consulter, dans toute discussion de cette nature, que l'intérêt général des administrés ; que cet intérêt ne peut être celui des Citoyens qui habitent la portion aujourd'hui subsistante du Diosèse de Cornouailles, réduit d'un quart en territoire, comme en population et en contributions directes. Ils ajouteront qu'il a été décrété, le 24 Décembre, que *tous les établissements à faire ne seront pas nécessairement dans le même lieu* ; que cette disposition solemnelle appelle la ville de Quimper à la jouissance de celui de ces établissements qui sera jugé compatible avec sa situation et ses besoins ; que l'Evêché du Département paroît lui être dévolu ; et que quant au Siège de l'Administration supérieure, dans quelque partie du Diocèse de Léon qu'il soit etabli, celui de Cornouailles ne doit pas craindre d'être privé de l'influence bienfaisante de cette Administration ; que son attention s'étendra sur toutes les parties du Département, et que celles qui se trouvent les moins favorisées de la nature, celles qui ont le plus de besoin de secours et d'encouragement, exciteront particulièrement la sollicitude et la vigilance des Administrateurs. Au surplus, l'un des buts principaux de la nouvelle division du Royaume et des nouvelles Administrations publiques, est de détruire l'esprit de Province, de Diocèse et de Ville ; d'anéantir cet esprit de localité, si favorable à l'ancien régime et aux maximes des despotes, et si contraire à la nouvelle Constitution, au véritable amour de la Patrie, à la liberté et à l'égalité politique. A mesure que l'esprit public se propagera, toutes les démarcations qui isolaient les sujets d'un même Gouvernement, et qui, dans la Nation Française, offraient autant de nations particulières que de Provinces, autant de peuplades diverses que d'Evêchés et de cantons : toutes ces distinctions territoriales disparaîtront ; et les *Léonards* et les *Cornouaillais*, déjà unis de cœur et d'esprit dans leurs efforts mutuels pour assurer le succès de la révolution, confondront leurs intérêts privés dans l'intérêt et le bonheur commun, et sentiront que, n'ayant qu'une même Patrie, ils ont un droit égal aux avantages attachés à des établissements institués pour opérer la félicité générale.

Enfin la Ville de Landerneau, considérée en elle-même, renferme tous ce qui peut convenir à l'établissement du Siège de l'Administration supérieure ; son Hôtel-de-Ville est assez commode pour qu'on puisse, dans les premiers moments, en destiner une partie pour la salle des séances du Conseil du Département et pour les Bureaux du Directoire : il n'en resulterait d'autre dépense que celles des emménagemens indispensables.

D'ailleurs trois Monastères, dont l'un a servi d'Hôpital militaire et de Caserne pendant la dernière guerre, (12) et dont les deux autres ne doivent pas tarder à s'évacuer par la sortie ou la réunion de la petite quantité des Religieux à des Communautés plus considérables; ces édifices présentent des ressources multipliés pour former tous les établissements relatifs au Département. (13)

---

(12) Cette maison est celle des Ursulines. On a prétendu que le décret de l'Assemblée nationale sur la suppression des vœux monastiques, la mettoit à l'abri de tout changement, de toute destination qui tendrait à la faire servir à l'avenir à d'autre usage qu'au logement des Dames Ursulines chargées, par état, de l'éducation publique; mais est-il donc plus intéressant de consacrer exclusivement cette vaste et belle maison pour y faire faire des petites écoles à quelques enfants et à quelques jeunes pensionnaires, que de l'employer à loger les Administrateurs, les Bureaux et les Archives du Département? Et si, malgré l'importance prétendue des fonctions des Religieuses, on a pu déjà les déplacer pour convertir leur Monastère en un Hôpital militaire, croit-on que ce serait violer les lois constitutionnelles que d'envoyer ces Dames une seconde fois à Lesneven; ou de les loger dans l'un des Monastères de Landerneau qui viendront à s'évacuer, pour établir dans leur maison le Siège de l'Administration supérieure d'un des 83 Départements. Au surplus, les bâtiments extérieurs dépendants de cette maison, et connus sous la dénomination d'*appartements de l'Evêque*, sont assez spacieux pour contenir les Bureaux de l'Administration, sans qu'on soit obligé d'éloigner ces Religieuses de leur Monastère.

(13) On a prétendu que l'établissement du Chef-lieu à Landerneau occasionnerait au Département une dépense de *plusieurs millions*. N'est-ce pas là se faire une illusion bien étrange? Il ne peut pas être question de bâtir un Palais pour les Administrateurs. Une maison commode renfermant 2 grandes salles et 7 à 8 pièces; voilà tout ce qui serait strictement nécessaire pour former les Bureaux et les salles du Directoire et du Conseil. On conçoit bien tout ce qu'un établissement de ce genre peut coûter.

Au surplus les Maisons particulières y sont en assez grand nombre et les habitants assez aisés, pour que la Ville puisse recevoir commodément les Electeurs, lorsqu'en exécution de l'article 23 de la première section du décret du 22 Décembre 1789, l'Assemblée Electorale du Département y viendra tenir ses séances.

La Ville de Quimper offre sans doute à tous égards, des ressources encore plus nombreuses ; mais il suffit que la Ville de Landerneau ait actuellement tout ce qui est absolument nécessaire.

Quant à l'importance particulière de ces deux Villes, à leur population, à leurs contributions respectives, à leur antiquité, &c. sont-ce là des titres à une préférence pour le Siège de l'Administration? Ce n'est pas parce qu'une Ville désire un établissement de cette nature, ou parce qu'il lui deviendrait infiniment avantageux; ce n'est pas parce qu'elle jouit déjà d'autres établissements importants, et qu'elle est plus ou moins peuplée, plus ou moins ancienne, plus ou moins grévée de charges publiques, qu'il faut y former un établissement tel que celui dont il s'agit. La véritable règle de décision, la raison déterminante, est l'intérêt général: le bien public, l'avantage du plus grand nombre dévient alors la loi suprême.

Mais il est pressant de conclure et de rappeler que tout l'Evêché de Léon, une grande portion de celui de Tréguier et les parties limitrophes de ce qui subsiste de l'Evêché de Cornouailles, dans la circonscription du Département, comprennent nécessairement la très-majeure partie des habitants des divers Districts; que l'intérêt de ces habitants est sans contredit l'intérêt général des Administrés, et qu'il leur importe essentiellement de voir placer le Chef-lieu plutôt à Landerneau qu'à Quimper; parce que, de quelque manière qu'on envisage cette première Ville dans ses rapports, soit avec tous les Chefs-lieux des cantons du Département, soit avec les Siéges de toutes les Administrations inférieures, elle est évidemment plus rapprochée de tous les points avec lesquels elle doit correspondre; et qu'à cet avantage prépondérant, elle joint celui de se trouver au milieu de la population et de toutes les relations d'intérêt qui rassemblent les hommes & déterminent les diverses transactions du commerce & les échanges de l'industrie; qu'elle est à portée d'entretenir une correspondance facile & prompte avec l'un des plus précieux depôts des Forces publiques et des propriétés nationales, avec un Arsenal dont l'entretien, la direction et la conservation réclament les secours, les soins et la vigilance de toutes les administrations publiques, et que le voisinage de la Ville de Brest, de celle de Landerneau ne peut entraîner aucun inconvénient ni pour la santé, ni pour l'inviolabilité des Administrateurs, ni pour la sureté de la caisse et des archives de l'Administration du Département; parce qu'enfin Landerneau présente dans son enceinte toutes les facilités et les ressources locales propres aux établissements à former, et que la Ville de Quimper n'a, sous ce point de vue, ni sous toutes les considérations relatives à sa position intérieure, aucun avantage décisif à lui opposer.

Tous les motifs de commodité publique et de convenance générale se réunissent donc en faveur de Landerneau; c'est donc se conformer à l'esprit et à la lettre des décrets de l'Assemblée nationale; donner un exemple de soumission parfaite aux lois constitutionnelles et une preuve du respect qu'on doit à la chose publique et à l'intérêt général de ses concitoyens, que de voter pour la Ville de Landerneau déterminément et sans alternat, l'établissement *du Siége de l'Administration supérieure du Département de Finistère.*

Telle est l'opinion des Electeurs du district de Brest, tel est leur vœu unanime.

Ils supplient l'Assemblée nationale de prendre, dans la plus sérieuse considération, un vœu fondé sur les principes qui servent de base à l'un des plus beaux monuments de la Constitution française.

Ils osent espérer que leur vœu sera d'autant plus favorablement accueilli, qu'il est confirmé d'avance par celui de la majorité des Electeurs du Département, par une délibération authentique dont le résultat a été d'exclure la Ville de Quimper de la possession *définitive* du Siège supérieur de l'Administration.

A Brest, le 7 Juillet 1790. *Signé*, au nom de tous les Electeurs du District, PIRIOU, *Président de l'Assemblée électorale*; BOISSIER, *Secrétaire*.

A BREST, de l'Imprimerie de R. MALASSIS, 1790.

BIBLIOTHEQUE NATIONALE DE FRANCE
3 7531 04425278 2

www.ingramcontent.com/pod-product-compliance
Ingram Content Group UK Ltd.
Pitfield, Milton Keynes, MK11 3LW, UK
UKHW021201230726
13926UKWH00001B/234

9 782014 445077